Contenido

Título	Página
Introducción	4
Análisis fundamental	6
Análisis técnico	16
Análisis bursátil	20
Conclusión	23

Preámbulo

Este libro presenta un caso de estudio detallado en el que se evalúa la empresa McDonald's y se analizan sus acciones para determinar la conveniencia o no de invertir en ellas. Está incluido en mi libro **"Manual de Bolsa: 4 claves para el éxito"**, a la venta en Amazon, donde se detallan todos los conceptos y técnicas necesarios para evaluar el estado de la bolsa e invertir en acciones con éxito y moderando el riesgo. Es decir, para poder realizar el tipo de estudio que aquí presento por vuestra cuenta. Por supuesto, recomiendo que lo leáis.

Todos los datos utilizados en este análisis son de cierre de 2013 excepto el precio de las acciones que se toma el mas reciente (noviembre 2014). Las gráficas de precios que aparecen han sido extraídas de http://finance.yahoo.com.

Finalmente, quiero dejar claro que este estudio es subjetivo y en ningún caso se intenta convencer al lector de comprar o vender acciones de McDonald's sino que se le anima a realizar su propio estudio y tomar sus propias conclusiones, tan solo se presenta como ejemplo ilustrativo de la metodología y el uso de las herramientas de análisis que expongo en mi libro "Manual de Bolsa: 4 claves para el éxito".

Introducción

McDonald's es la mayor cadena de restaurantes de comida rápida del mundo, atendiendo a 70 millones de clientes cada día en sus 35.000 restaurantes repartidos en 119 países. De origen americano y enfocada en el negocio de las hamburguesas y patatas fritas (aunque recientemente a ampliado su oferta con helados, ensaladas, sándwiches, etc), tal es su presencia internacional que el diario The Economist ha creado el "índice McDonald's" que compara el precio de los Bic Mac's (el producto estrella de la empresa) en cada país para ofrecer una referencia comparativa de costes de vida en cada uno, así como una evaluación del precio de la moneda local con respecto al USD.

La acción de McDonald's, que cotiza en la Bolsa de Nueva York y forma parte de los índices S&P 500 y Dow Jones, cerró 2013 a $97,03 (+10% en el año) y repartió $3,12 en concepto de dividendos por acción (rentabilidad 3,21% por acción), reparto que lleva realizando durante 38 años consecutivos. Actualmente (noviembre 2014) la acción cotiza a unos $96 y hay 990 millones de acciones en el mercado, por lo que la empresa capitaliza en bolsa a $95.040 millones.

Analizaremos la empresa mediante los datos publicados en su informa anual, que incluye el formulario 10-K que exige la SEC a las empresas cotizadas en bolsa:

http://www.aboutmcdonalds.com/content/dam/AboutMcDonalds/Investors/McDs2013AnnualReport.pdf

Análisis fundamental

McDonald's posee restaurantes propios, que explota directamente, y franquiciados a los que cobra cuotas por derechos de imagen, comerciales, asesoría, gastos publicitarios, etc. Concretamente un 67% de los ingresos mundiales de la compañía (total $28.106 millones en 2013) se realizan a través de los restaurantes propios, mientras que las franquicias aportan el 33% restante, a pesar de que el 80% de los restaurantes son franquicias (la rentabilidad es mucho menor en este caso pero el riesgo se comparte). Los ingresos de las franquicias son en concepto de alquileres inmobiliarios, *fees* iniciales y un porcentaje de sus ventas.

Geográficamente las ventas se realizan en estos porcentajes: USA 31%, Europa 40%, APMEA 23% (Asia-Pacífico, Oriente Medio y África) y resto 6%. Los principales mercados en Europa son UK, Francia, Rusia y Alemania (representan el 67% de los ingresos europeos); y en Asia/Pacífico son Japón, China y Australia (representan el 54% de los ingresos en APMEA); estos siete mercados junto con USA y Canadá se denominan los "grandes mercados" de la compañía y aportan el 75% de los ingresos. La diversificación geográfica, política y monetaria es por tanto bastante buena.

La competencia de McDonald's son empresas como Burger King, Starbucks, Yum!, Chipotle o Tim Hortons (recientemente adquirida por Burger King). En general, son empresas comparativamente pequeñas en todos los términos (beneficio, número de restaurantes, capitalización...); por ejemplo, Burger King, que es la cadena con más similitudes, cuenta con 13.000 restaurantes en todo el mundo y unos ingresos de $1.100 millones anuales. Sin embargo, la principal competencia es Yum!, grupo que gestiona marcas como Pizza Hut, KFC o Taco Bell, y tiene unas cifras más similares a McDonald's y una importante presencia en Asia.

La empresa crece, aunque moderadamente, a pesar de la crisis global de los últimos años en términos económicos (2% anual en los últimos años aunque en algún caso como 2012 el beneficio neto disminuyó) y en 2013 el número total de restaurantes aumentó en 1.000. Además, mantiene una política de remuneración a sus inversores de todo el *free cash flow* generado, mediante dividendos y recompra de acciones.

El balance resumido de 2013 tal y como explico en mi libro **"Manual de Bolsa: 4 claves para el éxito"** (hay que realizar cierto trabajo para llegar hasta esta simplificación) es el siguiente (cifras redondeadas en miles de millones de $, extraído del informe anual consolidado):

ACTIVO		PASIVO
Activo Fijo 31,5		Recursos Propios 16
Activo Circulante 5	FM 1,9	Exigible a largo 20,5
		Exigible a corto 3,1

El fondo de maniobra positivo de 1,9M€ (activo circulante menos exigible a corto = 5-3,1 = 1,9) permite a la empresa cumplir con sus obligaciones a corto plazo. La razón circulante AC/PC es de 1,61 por lo que la empresa no tendrá problemas para afrontar los pagos a corto plazo aunque es un poco alto y puede indicar algún pequeño despilfarro sin mayor importancia. Además, las deudas a largo plazo quedan cubiertas de sobra con el activo fijo.

Los recursos propios (siempre positivos o estaríamos en una quiebra técnica) suponen un porcentaje alto del total del pasivo (un 40%), lo que indica que la empresa es solvente y está poco endeudada externamente (endeudamiento = 23,6/16 = 1,48). Además, la deuda a largo plazo es mucho mayor (6,6 veces) que la de a corto plazo. El 60% de los activos se financia con dinero externo (razón de apalancamiento = 23,6/39,6 = 0,596). El valor en libros de la empresa es $16 mil millones (el valor en libros de cada acción sería de unos $16,2).

Entrando más en detalle, calculamos las NOF, que son relativamente bajas y quedan cubiertas al completo con el FM:

NOF = clientes (*accounts receivable*) + existencias – proveedores (*accounts payable*) – pagos atrasados = 1,3 + 0,12 – 0,22 = $1,2 mil millones

La cuenta de resultados consolidada redondeada (cifras en miles de millones de $) y resumida tal y como se explica en mi libro **"Manual de bolsa: 4 claves para el éxito"** es:

+	Ventas	28,11 (100%)
-	Coste de Ventas	17,2*
=	**Margen Bruto**	**10,9 (38,8%)**

-	Gastos fijos	2,14**
=	**EBITDA**	**8,76 (31,1%)**
-	Amortizaciones/otros	0,038
-	Provisiones	0
=	**EBIT**	**8,73 (31%)**
+/-	Ingresos/Gastos Financieros	-0,52
=	**EBT**	**8,2 (29,2%)**
-	Impuestos	2,62 (32%)
=	**Beneficio Neto**	**5,59 (19,9%)**

* gastos directos de los restaurantes propios y franquiciados

** ventas, administración y otros

El EBIT es de un 31% sobre ventas, un porcentaje que aparentemente está bastante bien aunque si comparamos con el de Burger King (45%) es bastante bajo. En cualquier caso el beneficio neto es de un 20% sobre ventas para ambas empresas. Esto indica que Burger King es más eficiente en sus operaciones pero McDonald's se financia mejor, conclusión razonable pues McDonald's es una empresa mucho mayor (los ingresos son unas 25 veces más altos).

Sin embargo Yum!, una empresa aproximadamente de la mitad de tamaño en términos económicos, tiene un EBIT del 14% y un beneficio neto del 8% sobre ventas, cifras que además se han reducido considerablemente con respecto a las de 2012; en este caso la comparación es muy favorable a McDonald's.

Los gastos no aparecen muy desglosados pero se puede adivinar que McDonald's tiene unos gastos fijos muy bajos y el grueso se concentra en los restaurantes, es decir, en las operaciones, lo cual es una muy buena señal.

La rentabilidad económica (ROA = 5,59/36,5 = 15,3%) indica que las inversiones se rentabilizan de forma razonable (a 6 años). Los recursos de los accionistas (ROE = 5,59/16 = 35%) tienen una rentabilidad muy alta (rentabilidad a 3 años).

Por zonas geográficas, el EBIT (*Operating Income*) es mayor en USA y Europa (donde más restaurantes propios hay) y solamente ha disminuido en APMEA (-6%) con respecto a 2012. Las mayores ventas se consiguen en Europa.

ZONA	VENTAS	EBIT	%EBIT	Var.
USA	4512	3779	83,7%	+1%
Europa	8138	3371	41,4%	+5%
APMEA	5425	1480	27,3%	-6%
Otros	800	134	16,75%	+46%
TOTAL	28,106	8764	31,2%	+2%

En cuanto a la caja, el año 2013 cerró con $2,8 billones (billones americanos, es decir, miles de millones), un 22% más que en 2012 y por tanto el cash-flow es positivo. Las operaciones aportaron $7,1 billones de caja en todo el año de los que se repartieron $3 billones en dividendos. Con estos datos y el bajo gasto financiero se puede deducir que la caja no supone un problema para la empresa.

Además, podemos obtener otros datos del informe:

- La empresa gastó $1.810 billones en autocartera (compra de acciones de la propia empresa a otros accionistas)
- Los objetivos de crecimiento anuales de la empresa son: ventas 3-5%, EBIT 6-7% y ROIIC (retorno de inversión) cerca del 20%
- El cambio de divisa ha tenido un impacto negativo en las cuentas de la empresa
- En 2013 se abrieron unos 1.400 nuevos restaurantes y se cerraron unos 500.
- Se reinvirtieron $2,8 billones (*CapEx*), repartidos *fifty-fifty* aproximadamente en nuevos restaurantes y existentes.
- El 74% de la deuda es de interés fijo por lo que el riesgo es reducido, aunque el 41% es en moneda extranjera por lo que hay alta exposición a fluctuaciones de divisa (especialmente al Euro).
- El interés medio pagado por la deuda es del 3% (0,065% la de largo plazo y 5,1% la de corto)
- La caja generada por las operaciones al año supone el 50% de la deuda total.
- La empresa tiene 658 millones de acciones en autocartera (*treasury stock*) frente a un total de 1.648 millones (990 millones adicionales en mercado libre), un 40%, una cifra relativamente alta que rebajaría la posibilidad de especulación por parte de grandes inversores/empresas hostiles y añadiría estabilidad al precio de sus acciones.

Vamos a valorar la empresa por el método de DFC. Aunque este método no deja de ser algo subjetivo y complejo, podemos realizarlo de una manera simplificada para sacar una idea del valor aproximado de la empresa en función de su capacidad para generar liquidez.

Haremos una estimación de los flujos de caja para los próximos 4 años (2014, 2015, 2016 y 2017) a partir de los *free cash flows* pasados asumiendo que la empresa seguirá una tendencia similar. Así, el Valor Actual Neto (VAN) de la empresa se calcula a partir del cash-flow estimado a futuro como:

$$\text{VAN} = \frac{\text{CF}_{2014}}{(1+k)^1} + \frac{\text{CF}_{2015}}{(1+k)^2} + \frac{\text{CF}_{2016}}{(1+k)^3} + \frac{\text{CF}_{2017} + \text{VR}_{2017}}{(1+k)^4}$$

Para obtener los *free cash flows* de años pasados podemos consultar los informes cada año y calcularlo manualmente o, más fácil, acudir a alguna web profesional que ya lo haya hecho, por ejemplo Ycharts.com (http://ycharts.com/companies/MCD/free_cash_flow). Según Ycharts el FCF de los últimos años es:

Año	FCF ($ billones)	Var.
2013	$4,3	+10%
2012	$3,9	-11%
2011	$4,4	+5%
2010	$4,2	+10%
2009	$3,8	+0%

2008	$3,8	+31%
2007	$2,9	+11%
2006	$2,6	-

Se observa que el FCF medio de los últimos 4 años es de $4,2 billones con una tendencia incremental del 8% desde 2006. Además, con los dos trimestres ya consumidos de 2014 se prevé un incremento del FCF con respecto a 2013 (a mitad de año la mejora es del 14%), lo cual es muy buena señal. Por tanto, asumiremos que los flujos de caja futuros se incrementan un 8% cada año con respecto a esos $4,2 billones:

Año	Cash Flow
2014	4,54
2015	4,89
2016	5,29
2017	5,71

Calcularemos la tasa de descuento (k) mediante el WACC, sabiendo que la empresa paga un 3% de media por su deuda y considerando que los inversores exigen una prima del 16% anual (3% en dividendos más 13% en plusvalías por aumento del precio de las acciones, que es la media de los últimos 5 años):

$$WACC = \frac{k_d D(1-t) + k_e E}{D+E} = \frac{0,03 * 23,6 * (1-0,32) + 0,16 * 16}{23,6 + 16} = 7,68\%$$

Debemos calcular el valor residual neto de la empresa a partir de 2017, pues no vamos a calcular los flujos de caja a partir de ese año hasta el infinito. Asumiendo una tasa de crecimiento constante a largo plazo del 3% (esta es otra gran estimación):

$$VR_{2017} = \frac{CF_{2017}(1+g)}{(k-g)} = \frac{5{,}71 * (1+0{,}03)}{(0{,}0768 - 0{,}03)} = \$125{,}76 \text{ billones}$$

La valoración final de la empresa es:

$$VAN = \frac{CF_{2014}}{(1+k)^1} + \frac{CF_{2015}}{(1+k)^2} + \frac{CF_{2016}}{(1+k)^3} + \frac{CF_{2017} + VR_{2017}}{(1+k)^4} =$$

$$= \frac{4{,}54}{(1+0{,}0768)^1} + \frac{4{,}89}{(1+0{,}0768)^2} + \frac{5{,}29}{(1+0{,}0768)^3} + \frac{5{,}71 + 125{,}76}{(1+0{,}0768)^4} = \$110{,}46 \text{ bill}$$

Dividiendo este valor por el número de acciones de la empresa la venta (990 millones) obtenemos el valor teórico de las acciones: $111,57

Se puede comprar el valor obtenido con valoraciones de entidades profesionales, como esta de Stock Analysis On Net (http://www.stock-analysis-on.net/NYSE/Company/McDonalds-Corp/DCF/Present-Value-of-FCFF#Intrinsic-Stock-Value) que estima el valor de la acción de McDonal's en $114,8, realizada mediante cálculos bastante más complejos y difíciles de comprender, o esta de www.gurufocus.com que lo estima en $108,56.

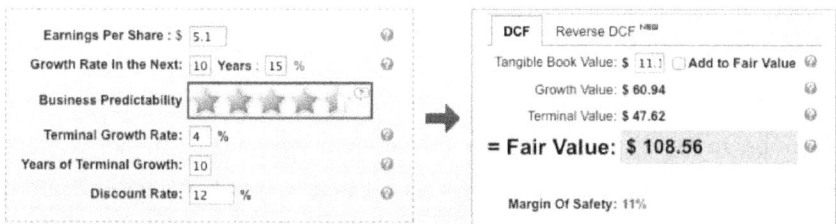

Como conclusión, ya que la empresa cotiza ahora mismo a unos $96, podríamos decir que está infravalorada (margen de seguridad 16,2%) y se identifica una oportunidad de compra.

Análisis técnico

De acuerdo al **"Manual de bolsa: 4 claves para el éxito"**, lo primero que debemos hacer es estimar la tendencia del precio de las acciones a largo plazo para poco a poco ir afinando en plazos menores para identificar oportunidades de compra/venta, teniendo también en cuenta las señales que marcan los indicadores/osciladores más importantes.

Estimaremos la tendencia del precio de la acción en el largo plazo mediante un gráfico mensual de 10 años y una media móvil simple de 12 meses:

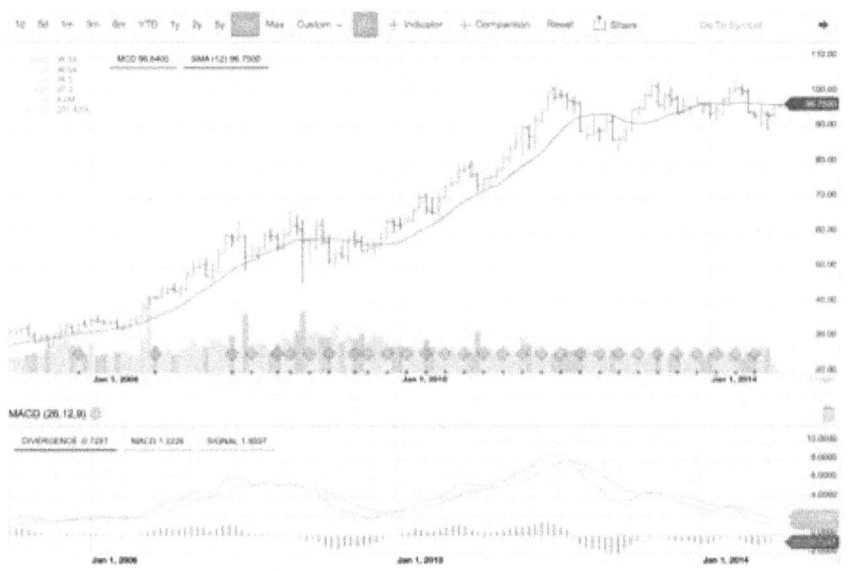

Figura: Gráfico mensual de McDonald's

Se observa que la tendencia es generalmente alcista aunque desde mediados de 2011 se ha estancado en una tendencia lateral que, aunque aparentemente es secundaria, está durando demasiado tiempo. El precio está en torno a máximos históricos y a punto de cruzar la media móvil simple de 12 meses. Además, el MACD indica que estamos en un tramo bajista, probablemente llegando a su final pues es muy bajo. El volumen se mantiene estable en los últimos 4 años.

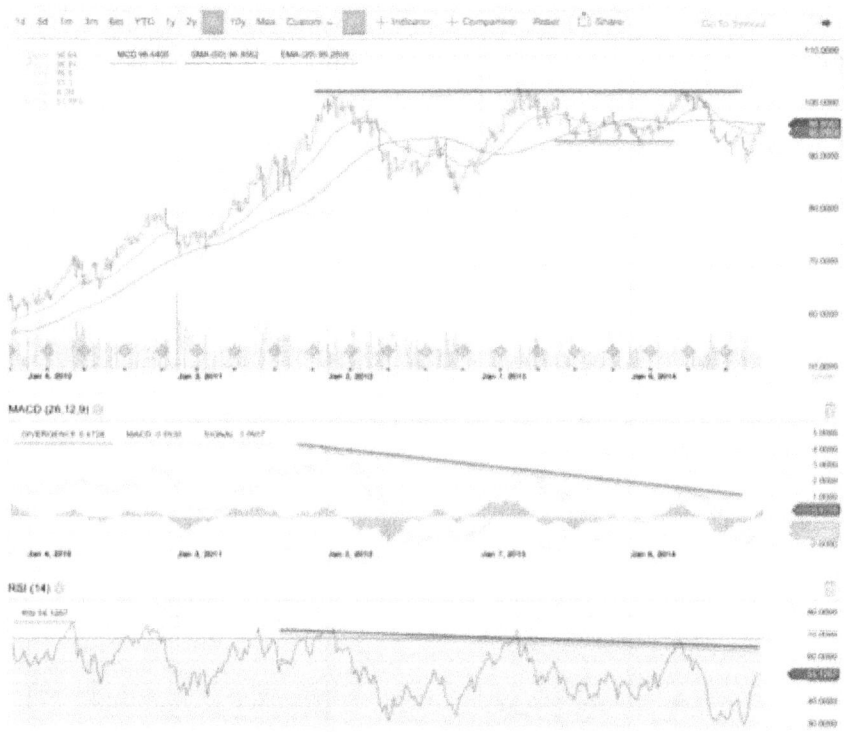

Figura: Gráfico semanal de McDonald's

Si nos fijamos en un gráfico a medio plazo, por ejemplo semanal a 5 años, podremos ver más claramente esta tendencia lateral. En este caso, dentro de esta tendencia lateral, podría ser buen momento de comprar pues la línea rápida del MACD acaba de cruzar la lenta y está a punto de pasar a valores positivos. Además, añadiendo una media móvil exponencial de duración media (20 semanas) vemos que acaba de girar hacia tendencia positiva. Por último, el RSI está en valores medios por lo que no es información relevante.

Este movimiento lateral se confirma observando las divergencias que existen entre los máximos del precio que están al mismo nivel (hay 3 máximos en torno a los $103) y los máximos del MACD o del RSI, que son decrecientes, aunque esta señal podría interpretarse como una premonición de un cambio de tendencia.

En caso de comprar el objetivo sería la resistencia marcada en torno a los $103 a corto plazo, pudiendo fijar un *stop-loss* (ya que estamos especulando a corto plazo) en el soporte de los $94. Para inversiones a largo plazo convendría esperar a que el precio rebasase la resistencia de los $103 para ser cautos. Como estrategia final combinando estas dos opciones, podríamos comprar ahora poniendo un *stop-loss* en $94 y cuando el precio superase los $103 actualizar el *stop-loss* a esta cifra.

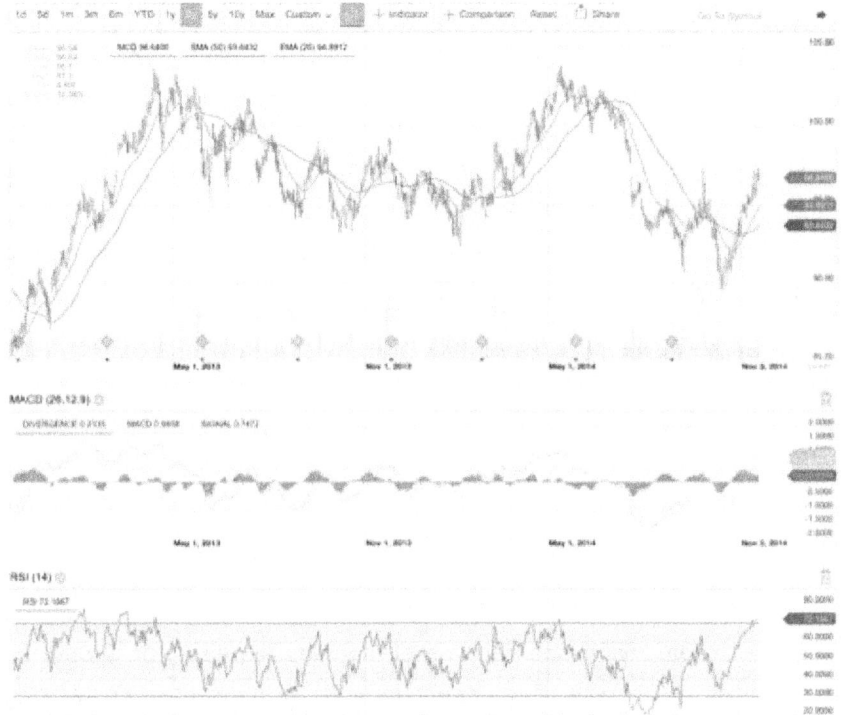

Figura: Gráfico diario de McDonald's

Realizando el mismo análisis sobre un gráfico diario de 2 años, confirmamos las conclusiones anteriores sobre la conveniencia de la compra a corto plazo. Sin embargo, en este caso el RSI aparece sobrecomprado por lo que podríamos esperar una pequeña corrección en los próximos días.

Análisis bursátil

El precio a considerar en el análisis bursátil es el más reciente, es decir, $96. Sin embargo el último informe financiero es de 2013 y nos encontramos a final de 2014 por lo que va a estar algo desactualizado; sin embargo, para una empresa tan estable como McDonald's no parece un gran problema. Los principales parámetros bursátiles son:

BPA=5586/990=$5,64 (5,88%)

PER=96/5,64=17,02

Capitalización bursátil=96*990Mill=$95.040 Mill

Price/book=95,04/16=5,94

Como análisis inicial, el BPA está bastante bien (la empresa gana al año $5,64 por cada acción que tiene en el mercado, es decir, un 5,88% de su valor), el PER parece bajo y el precio de la acción frente a su valor en libros parece razonable (unas 6 veces mayor).

En cualquier caso, como siempre he dicho en **"Manual de Bolsa: 4 claves para el éxito"** siempre debemos comparar estos valores con los de otras empresas del sector para que el análisis sea válido y relevante. Con respecto a Burger King, Yum! y Starbucks los resultados son francamente buenos, McDonald's los supera todos con diferencia:

	BPA	PER	Price/Book
McDonald's	$5,64 (5,9%)	17,02	5,94
Burger King	$0,87 (2,7%)	38,08	8,43

Yum!	$2,36 (3,1%)	21,85	13,20
Starbucks	$2,65 (3,4%)	30,64	12,25

La empresa forma parte de los índices S&P 500 y Dow Jones, con una Beta de 0,62 lo que supone bastante independencia con respecto al índice y poca volatilidad.

El sentimiento de mercado nos indica qué es lo que están haciendo la mayoría de inversores/especuladores y se puede deducir fácilmente del parámetro *short interest*, que nos indica el porcentaje de acciones posicionadas en corto (mediante productos derivados puedes apostar a que una acción va a bajar, y digo "apostar" porque es pura especulación) respecto de todo el *free-float* (total de acciones de la empresa que cotizan libremente en el mercado). En el caso de McDonald's es del 1.3% (fuente: quotes.morningstar.com), muy en la media del resto de competidores (Starbucks 1.3%, Yum! 1.1% y Burger King tiene un gran problema con su 40%). Además, el ratio *put/call* (número de opciones posicionadas a corto frente a las posicionadas a largo, un parámetro que nos indica qué están haciendo los traders de opciones) es menor del 1%, por tanto los traders de opciones son generalmente alcistas con McDonald's.

Por último, en la página del NASDAQ (http://www.nasdaq.com/symbol/mcd/insider-trades) podemos ver qué tipo de operaciones han hecho los *"insiders"* (personas de dentro de la empresa como pueden ser ejecutivos de la alta dirección) a lo largo del último año. En el caso de McDonal's todo han sido ventas, lo cual no es buena señal (si los ejecutivos de la empresa se están deshaciendo de sus acciones…).

En cuanto a la composición de los accionistas, un 65.3% del *"float"* está en manos de instituciones y un 0.04% lo controlan los "*insiders*".

Conclusión

Utilizaremos los criterios expuestos en mi libro **"Manual de Bolsa: 4 claves para el éxito"** para sacar las conclusiones finales a este estudio.

McDonald's tiene una imagen potente y una posición de liderazgo clara en el mercado. Su evolución en términos de crecimiento es constante y consistente, y está presente en prácticamente todo el mundo.

Los datos fundamentales son francamente buenos, con cuentas bien saneadas y equilibradas. El nivel de endeudamiento es adecuado y la rentabilidad (EBIT) es alta. Además, la empresa tiene capacidad de generar flujos de caja positivos. La valoración por DFC resulta positiva, es decir, existe una oportunidad de compra ya que las acciones están infravaloradas, estando su precio justo alrededor de los $111.

Los datos bursátiles resultan muy atractivos en comparación con otras empresas del sector, e invitan a comprar acciones. La baja volatilidad y el reparto de dividendos convierten a McDonald's en una empresa perfecta para carteras a largo plazo y con poco riesgo. Sin embargo, el análisis técnico no detecta todavía señales de compra a largo plazo, aunque sí a corto para especular dentro de un movimiento lateral.

Hay que tener en cuenta que el dólar está muy fuerte en estos momentos respecto al euro (EUR/USD=1,24), lo cual encarece la acción para compradores europeos. Este factor resulta de gran importancia a la hora de comprar acciones que cotizan en otra divisa.

En resumen, dado que los parámetros en que se fija Warren Buffet para comprar acciones son todos positivos (imagen fuerte, bajo endeudamiento, alta rentabilidad y capacidad de generar caja) McDonald's es una buena empresa en la que invertir a largo plazo, prácticamente sin pensárselo mucho más. Sin embargo no está claro que este sea el mejor momento de comprar pues no hay una oportunidad clara en el análisis técnico y quizás sea conveniente esperar una bajada de precios o del dólar americano si tu cuenta es en otra divisa.

www.ingramcontent.com/pod-product-compliance
Lightning Source LLC
Chambersburg PA
CBHW070736180526
45167CB00004B/1779